Elli Michler

Wie Blätter im Wind

Don Bosco Verlag

Die Deutsche Bibliothek – CIP-Einheitsaufnahme

Michler, Elli:
Wie Blätter im Wind / Elli Michler. – 4. Aufl. –
München : Don-Bosco-Verl., 1998
ISBN 3-7698-0772-3

4. Auflage 1998 / ISBN 3-7698-0772-3

Umschlagfoto: Gritscher / BAVARIA
Fotos im Innenteil: Barbara Michler, Heilbronn
Gesamtherstellung: Salesianer Druck, Ensdorf

Der Umwelt zuliebe gedruckt auf chlorfrei gebleichtem Papier.

Inhaltsverzeichnis

Einführung

Nirgendwo kann der Mensch eine bessere Parallele zu seinem eigenen Dasein finden als im Wandel der Jahreszeiten. Das Licht an einem Frühlingsmorgen erleben wir anders als jenes, das uns vom Oktoberhimmel leuchtet.

Im Frühling ist alles neu, alles voller Unruhe:

der stürmische Drang nach dem Unbekannten, die Fülle der Möglichkeiten, die Hinwendung zum äußeren Leben.

Im Herbst spüren und wissen wir, daß unser Leben begrenzt ist. Wir haben unsere Erfahrungen gemacht, kennen den Wert der Dinge. Mit der Reife des Herbstes wird auch der Mensch reif für Erkenntnis und Einsicht, er kommt endlich zur Ruhe. Jetzt erst kann er ermessen, was Glück ist.

Aber der Herbst ist weitaus vielschichtiger als alle anderen Jahreszeiten. Die Vielfalt seiner Impressionen vermittelt er uns in drei Stufen:

- von der Anbahnung der Wende, der leisen Warnung und dem Anklingen der ersten Abschiedstöne
- über die Freude an der Pracht der Farben und der Früchte
- bis zu den Novembernebeln, der dunkelsten, traurigsten und am schwersten zu ertragenden Zeit des Jahres wie auch – gleichnishaft – des menschlichen Lebens.

Bei all dieser Vielschichtigkeit bleibt das eigentliche Wesensmerkmal des Herbstes das große Abschied-nehmen-Müssen. Durch nichts wird es besser gekennzeichnet als durch das Bild der fallenden Blätter. Auch wir selbst fühlen uns jetzt, den Stürmen des Lebens ausgesetzt und die Endlichkeit alles Irdischen erkennend, WIE BLÄTTER IM WIND.

In dieser Zeit müssen wir besonderen Mut und starke innere Kraft aufbieten, um uns gegen die Gefahr der Depression und der Resignation zur Wehr zu setzen. Die Texte dieses Buches können uns helfen, aus der Herbstangst und damit auch aus unserer Lebensangst herauszufinden; denn sie leiten uns an, *positiv zu denken,* und vermitteln uns die tröstliche Gewißheit, daß

auch der Herbst nicht ohne Hoffnung ist und daß es in der Natur nirgends ein endgültiges Ende gibt.
Im Bewußtmachen des Geborgenseins des Menschen im Schöpfungszusammenhang liegt der Sinn dieser Gedichte. Das ermöglicht ganz sicher den Menschen unserer Gegenwart, durch die Begegnung mit der Natur und den Jahreszeiten auch anhand von Gedichten Selbstbestätigung und Lebenshilfe zu erfahren.

Elli Michler

Aufschub

Der Sommer will dem Herbst noch nicht
das Szepter übergeben.
Die Tage sind noch ganz im Licht
und angefüllt mit warmem Leben.
Noch sind die Augen zugewandt
den Lilien und den Rosen,
noch läßt sich gerne meine Hand
von deiner Hand liebkosen.
Die Wolken sind noch nicht bereit,
den Himmel einzutrüben,
noch bleibt uns eine Weile Zeit,
die schöne Welt zu lieben.

Unterm Herbsthimmel

Es trägt ein leuchtend Angesicht
der Himmel über mir.
So herbstlich klar – ein Traum aus Licht.
Sein Blau: ein strahlender Saphir.

Sein Schimmern zwischen Berg und See
umglänzt das Laub der Eichen,
damit wir vor des Winters Näh'
nicht gleich die Segel streichen.

Dem Ast, beschwert vom Fruchtgewicht,
entströmt der Duft von Pflaumen.
Sieh, wie verklärt er dein Gesicht
und kitzelt deinen Gaumen!

Fragen

Ein Vogelschwarm bricht auf zum Flug,
nimmt Abschied im Vorübergleiten.
Ist's denn des Sommers schon genug?
Soll das schon Herbst bedeuten?

Vielleicht wirst du ins Tagebuch
noch heute abend schreiben:
Auch ich bin hier nur zu Besuch.
Wie lange darf ich bleiben?

Übergang

Der Frühling hängt im Bilderrahmen
als Souvenir an meiner Wand.
Vom Sommer weiß ich noch den Namen,
seit mich ein Rausch mit ihm verband.

Nach all dem Zauber und der Fülle,
die ich vom Lebensbaum gepflückt,
folg' ich dem Herbst nun in die Stille
und bleib' dem Lärm des Tags entrückt.

Heimweg

Aus Ähren und aus Trockenblumen
noch schnell ein bunter Strauß gepreßt,
so gut sich's von den letzten Krumen
des Sommers eben leben läßt.

So wie man nach verrauschten Festen
sich für den Heimweg rüsten muß,
so binde mit entschlossnen Gesten
dir deinen Schuh. Du bist noch gut zu Fuß!

Zwetschgenkuchen

Frisch gebacken aus dem Ofen,
säuberlich vom Kern befreit,
Gegenstand für viele Strophen
Loblied auf die Zwetschgenzeit.

Rötlich aus den flachen Gruben
quillt der Saft noch warm im Teig
auf dem Tisch in Bauernstuben,
im Café am Bürgersteig.

Auf dem heißen Blech geschnitten,
reichlich Zucker draufgestreut,
Sahnehäubchen in der Mitten,
Gipfel aller Köstlichkeit!

Seht, so duften uns die Tage
im September süß und schwer.
Zwetschgenkuchen? Wespenplage!
Wie setzt man sich ihr zur Wehr?

Zwetschgen samt den Wohlgerüchen!
Der Genuß wird uns vergällt.
So bleibt alles ausgeglichen:
Glück und Unglück auf der Welt.

Sommers Abschied

Genieße dieses letzte Rot,
des wilden Mohnes Abschiedsfeuer,
des Rosenblatts, vom Tod bedroht,
sich letztmals spiegelnd sanft im Weiher,

den letzten Blick zum Ginsterstrauch,
dem weithin leuchtend gelben Blühen,
den letzten milden Abendhauch,
des späten Sommertags Verglühen,

den letzten Schritt im freien Felde,
und aus dem Glas den letzten Zug,
den besten Wein vom letzten Gelde,
denn bald ist's wieder mal genug.

Genieße, was der schöne Tag
vielleicht letztmals für dich ersinnt,
des Sommers letzten Ruderschlag,
wenn Wind und Wellen müde sind,

den letzten Takt der Walzerrunde
und all den sommerlichen Tand,
den letzten Kuß, die Abschiedsstunde,
dann geh – und reich dem Herbst die Hand!

Erkenntnis

In Sommergärten wird nur blühn,
was wir zuvor begannen,
geduldig uns heranzuziehn
mit Spaten und mit Kannen.

Dem Herbst erwächst daraus die Kraft,
zu klären und zu reifen.
Erfolg kommt niemals über Nacht.
Wir müssen's nur begreifen.

Warnung

Fahr nicht nach Rom,
mein Freund, im Herbst!
Ich sag dir's im Vertrauen:
Du kommst nie mehr von dort zurück.
Es bleibt nicht beim Beschauen
von Stein gewordener Musik.
Du siehst auch zu dem blauen,
dem römisch reinen Himmel auf
und weißt: Dies war dein Traum vom Glück.

Im September

Und wenn von dieses Tages kurzer Dauer
dir nichts zuteil geworden wär'
als nur das Mittagslicht,
septemberklar vom Fenster her:
Es galt doch dir,
durchdrang die Mauer
und zauberte in dein Gesicht
ein Lächeln statt der großen Trauer.
Der Sommer geht. Bewein ihn nicht!
Das tut der Herbst schon mit dem ersten Schauer.

Reparatur-Arbeiten

Eine Umarmung aus purer Gewohnheit.
Ein Kuß, weil es sich so gehört.
Ein Kannichtmehrgehn und Mußbleiben,
wenn man es einmal nur schwört.
Ist es wahr, auch die Liebe kann sterben
im Herbst, wenn der Tod sie berührt?
Es wird sie auf ewig erwerben,
wer sie jetzt vor dem Herbst repariert.

Entwicklung

Der Sommer ward vom wilden Spiel
so müde wie ein Knabe.
Die Scheibe mit dem Pfeil im Ziel
ist seine letzte Habe.

Sein Wurfgeschoß hat gut getroffen,
und ihm gefiel die Spielerei.
Nun sehnt er sich nach neuen Stoffen.
Der Herbst reicht ihm die Staffelei.

Altweibersommer

Es gibt im Herbst so manche alte Dame,
die sich, je mehr ihr Alter vorgerückt,
noch einmal reich mit bunten Farben schmückt.
Belächelt nicht den nachgemachten Mai!
Bedenkt, es ist auch Tapferkeit dabei.

Vorhersage

Im Frühling ist es leicht zu singen,
wenn sich, vereint im großen Chor
mit Flöten- und mit Vogelstimmen,
auch deine eigne schwingt empor.

Das wird im Herbst viel schwerer werden,
mein lieber Freund, mach dich gefaßt,
wenn du einst ohne die Gefährten
nur deine Solostimme hast!

Ermutigung

Wenn Stoppeln auf den Feldern stehn
und hoch darüber fliegen Drachen,
dann hat's der Herbst drauf abgesehn,
das Herz uns schwerzumachen.

Altweibersommer spinnt das Garn,
und abends weht jetzt schon ein kühler Wind.
Komm her, ich fülle dir den Arm
mit Dahlien, die wie kleine Sonnen sind.

Und wenn du frierst in Nebelfeuchten,
weil du vom Sommer jäh verlassen bist,
erwärm dein Herz am Dahlienleuchten,
solang es noch nicht Winter ist.

Sonnenblumen

Sonnenblumen,
euch möcht ich's am wenigsten glauben,
daß sich der Sommer schon wendet und geht.
Denn wer sollte ihn uns
wohl mit leichter Hand rauben,
da ihr als Wächter am Gartenzaun steht?
Bleibt mir nur standhaft mit eurem Schild
und euren goldenen Hauben!
Laßt uns den Herbst nicht zu früh ins Gefild,
wehrt euer Korn noch den Tauben!

Wandel der Jahreszeiten

Der Frühling ging die Blüten wecken.
Der Sommer steckte Kindern
Kirschen in den Mund.
Nun läßt der Herbst an Dornenhecken
die Hagebutten reifen
und macht die Äpfel rot und rund.
Ich darf mit eignen Händen danach greifen
und schließe dankbar mit dem Herbst den Bund.

Erfahrung

Wir brauchen's nicht mehr in der Zeitung zu lesen,
was wirklich im Leben geschieht.
Wir kennen die Dinge, ihr innerstes Wesen,
wenn wieder einmal uns ein Sommer entflieht.

Wir sehn welke Blätter inmitten der Gräser.
Doch tönt uns im Ohr noch des Sommers Schalmei.
Wir lachen beim Schwenken der Frankenwein-Gläser,
verbergen die Wehmut des Wörtchens „vorbei".

Ritterlich

Den Anblick sanft geschwungner Buchenblätter
läßt dich der Sommer lediglich
am weit entfernten Ast genießen.
Da macht es doch der Herbst viel netter:
Er gibt sich wahrhaft ritterlich
und legt sie dir zu Füßen!

Festigkeit

Das rote Laub des wilden Weins
erklimmt die graue Mauer.
Die Tage letzten Sonnenscheins
sind nur von kurzer Dauer.

Drum klammre dich nur fest hinein,
du Blatt, in Mauerfalten!
So lange kann's nicht Winter sein,
solang die Treu wird halten.

Lehrstück

Vom Ahornbaum ein gelbes Blatt
an eines Herbsttags klarem Morgen,
es fiel so sanft auf mich herab,
als fühlt' es sich bei mir geborgen.

Ich nahm es als Liebkosung wahr,
bin selber schon dem Herbst zu eigen.
Durch dieses Blatt, so wunderbar,
wollt' Gott den eignen Weg mir zeigen.

Gleichnis

Es hängt verwaist am Gartenzaun
ein fremder Handschuh, ledern, braun,
seit ein paar Tagen wahrnehmbar
als einzelner, der er nie war.
Die Trauer, die mich sanft bedrängt:
Alleinsein ist die Herbstgefahr,
als Schicksal über uns verhängt.
Auch du und ich – so weit versprengt!
Es war einmal ein schönes Paar . . .

Aufforderung

Mach deine Seele winterfest,
gib acht, der Herbst bricht bald herein!
Dann wirst du auf den letzten Rest
der Hoffnung angewiesen sein.

Mach deine Seele winterfest
und gib ihr ein Zuhaus!
Daß sich der Herbst vermeiden läßt,
die Flausen treib ihr aus!

Richtige Überlegung

So mancherlei Träume
werden jetzt nichtig.
Der Herbst färbt die Bäume.
Kein Sommertag
ist uns mehr zahlungspflichtig.
Warme Füße und schützende Räume
sind jetzt so wichtig
wie wärmende Liebe.
Und ein Streicheln ist im Zweifel
auf jeden Fall richtig –
viel mehr noch als Hiebe.

Birnen-Ernte

Legt die Leitern an die Bäume,
stellt die Körbe schon bereit!
In den Garten, um die Zäune
fällt das Obst schon weit und breit.

Prächtig gelbe, schwere Früchte
voller süßer Köstlichkeit,
ausgereift im Sonnenlichte,
Kinder, es ist Birnenzeit!

In den Korb und auf den Teller
Birnen heut zum halben Preise,
Birnen in den Vorratskeller,
nichts als Birnen, zentnerweise!

Teilt den Segen brüderlich,
nichts soll uns verderben!
Läßt der Sommer uns im Stich,
freun sich seine Erben.

Reise in die Vergangenheit

Ich zog im Herbst noch einmal aus,
der Jugend Garten und das Haus,
von dem es mich so weit verschlug,
am alten Orte aufzufinden.

Ich fand nur noch den Fliederstrauch.
Entlang der Straße mit den Linden
und um die Türme: Vogelflug.
Doch was ich fand, war mir genug.

Erfüllte Zeit

Klaren Himmels reinstes Blau
über braunen Stoppelfeldern.
Letzte Mahd im Morgentau.
Nebelschwaden vor den Wäldern.

Frucht an Frucht schmiegt sich in Körben,
liegt im Grase, auf der Wiese.
So versteht der Herbst zu werben:
Bilder wie im Paradiese.

Gottes Lob die Glocken mehren.
Scheunen voll mit Heu und Halmen.
Und die Rinderherden kehren
friedlich heimwärts von den Almen.

Krumme Rücken, müde Füße
wenden sich zur Ruhe hin.
Daß der Jahreskreis sich schließe,
liegt dem Herbst recht tief im Sinn.

Spreu von Weizen wird gesiebt.
Wer gelebt hat und geliebt,
nicht verschont blieb auch vom Leide,
den erfüllt jetzt stille Freude,
wenn's im Winter Brennholz gibt.

Dies ist nicht die Zeit zum Träumen

Sonne wirft den letzten Speer
tief hinein ins Asternblühen.
Tulpen sieht man längst nicht mehr
Wache stehn an Avenuen.

Fern im Walde Jagdhornblasen.
Hasen, lauft, so schnell ihr könnt!
Die auf ihren Ohren saßen,
merken's, wenn der Pelz schon brennt.

Dies ist nicht die Zeit zum Träumen.
Höchstens könnte man vielleicht
irgend etwas noch versäumen,
was bis dahin nicht erreicht.

Reife

Nun ist es Herbst:
Die Zeit der blauen Stunden,
des stillen, bloßen Seins –
die Zeit verheilter Wunden.
Das Leben, deins und meins,
hat sich mit tausend Fäden
ins andre längst verstrickt.
Daß uns dies ohne Schäden
bis in den Herbst geglückt,
zeigt, daß wir fleißig lernten
der Liebe Einmaleins.
Nun läßt der Herbst uns ernten
die Labsal reinen Weins.

Sturmangriff

Der Herbst greift an
an allen Fronten.
Er setzt die Wälder schon in Brand.
Die Dahlien taten,
was sie konnten,
und hielten bis zuletzt noch stand.
Wohl tausend Rosen sind gefallen.
Ihr welkes Antlitz prägt der Tod.
Die Eichen wurden zu Vasallen,
und auf dem Buchenblatt glüht rot
die Scham der Niederlage.
Kein Waffenstillstand kommt in Frage.
Der Herbst hat alle überwältigt.
Der Sommer wurde rasch besiegt.
Ein Wunder, scheint es, siebenfältig,
daß nicht mein Schwert am Boden liegt.

Herbst-Regen

Nun spannen sie die Schirme auf,
als müßten sie sich wehren.
Der Herbst nimmt trotzdem seinen Lauf
und wird sich nicht drum scheren.

Wir sollten lieber klüger sein
und ihn willkommen heißen,
dann kann er uns nicht insgeheim
aus unsren Angeln reißen.

Zuspruch

Der Herbstwind kommt von Norden her,
das deutet auf nichts Gutes.
Setz nur dein ganzes Herz zur Wehr
und bleibe guten Mutes!

Es steht uns an, zur dunklen Zeit
uns tapfer zu bekennen.
Dann folgt auch wieder Helligkeit.
Man muß nur warten können!

Herbstwunder

Es fegte der Wind von den Ahornbäumen
die Blätter die Straße hinunter.
Ich war es gewohnt, stets mein Glück zu versäumen.
Wer glaubt schon im Herbst noch an Wunder?

Doch als sie dort lagen am Boden zuhauf,
des Sommers vergilbende Reste,
da flogen sie plötzlich wieder hinauf
und schmückten noch einmal die Äste.

Jetzt denkst du vielleicht an den alten Münchhausen,
der diese Geschichte einst schrieb.
Aber nein, dieses Wunder schuf Heribert Clausen,
der im Herbst zu mir sagte: Ich habe dich lieb.

Würzburger Herbst

Wenn sie alle, die Törichten,
mit dem Touristenstrom eines Sommers
an dir vorübergezogen sind,
verführt von den Lockungen immer größerer Fernen,
halt' ich im Herbst noch zu dir, meine Stadt!
Steige hinauf zu den Hügeln der Reben,
um hinunterzuschauen auf dich,
sehe den goldenen Glanz des Oktobers
dein Antlitz umschweben,
auf den Kuppeln der Kirchen sich spiegelnd,
im Lächeln deiner Madonnen aus Stein
und im heiteren Plätschern all deiner Brunnen.
Sitze, vom herbstlichen Lichte umgeben,
nah an der Mauer des Schlosses
allein auf den Bänken der Kindheit.
Aus des Kastanienbaums gilbender Krone
fällt mir die schimmernde Frucht vor die Füße,
während sie sich aus der Schale befreit.
Beuge mich nieder wie damals, wie gestern.
Umgreife sie mit meinen Fingern.
Ist es schon wieder soweit?

Erntedank

Zeit der Nüsse und der Trauben,
Hagebutten-Rot am Strauch.
Aus den Schrebergartenlauben
riecht's nach Bohnen und nach Lauch.

Zeit des frohen Erntetanzes,
Bänderschmuck an Wagenrädern,
Zeit des silbergrauen Glanzes
überm Flaum der Distelfedern.

Zeit des Korns, der goldnen Garben,
Düfte füllen Luft und Raum.
Zeit der Sinne und der Farben
rings um unsern Zwetschgenbaum.

Zeit des Dankens in Gebeten
demutsvoll im Gotteshaus.
Und auf abgeräumten Beeten
sieht's nach Glück und Frieden aus.

Neblige Tage

Es sind nicht mehr die zarten Schleier
des Elfenreigens, der uns einst umtanzt,
es sind die Schemen einer späten Feier,
dahinter sich der Herbst verschanzt.
Es sind die weißen Nebelschwaden –
wie dichtes, weiches Löschpapier,
drin sanft zerfließend eingegraben
nach der Vergänglichkeit Manier
Geschichten, die sich einst begaben
im Sommer zwischen dir und mir.

Einkehr

Dem Turmuhr-Schlagen heimlich lauschen
in einem abgeschiednen Klostergarten
am hellen Nachmittag im Spätseptember,
wenn noch im vollen Schmuck des Laubs
die roten Buchen stehn,
hoch über alten, moosbefallnen Steinen,
die – eingebettet in den stillen kleinen
Klosterfriedhof – geduldig darauf warten,
daß junge Augen nach der Inschrift sehn,
die Welt, in die sie sich zu früh vernarrten,
in ihrer Endlichkeit verstehn.
Die Turmuhr trägt, beharrlich vom Gesetz bewegt,
den Klang der Stunde Herbst in ihrem Munde,
indes der Wind sich niederlegt,
daß er die Stille nicht verwunde.

Trennungsschmerz

Nun fallen den Bäumen die Blätter aus
so wie den Menschen die Haare.
Die Klugen, die sagen:
Ach, mach dir nichts draus!
Und die Törichten stehn an der Bahre
des Sommers und tragen ihn weinend hinaus
mit Klagen und Jammern und Stöhnen
und halten den Abschied einfach nicht aus,
statt sich mit dem Herbst zu versöhnen.

Beim Äpfelschälen

Auch dieser Herbst mag Äpfel schenken.
Doch schälen wird er sie mir nicht.
Ich muß an meine Mutter denken
und an ihr freundliches Gesicht.

Sie grub den Kern aus seinem Haus
und schnitt aus Schalen gelbe Schlangen.
Ich streckte meine Hände aus
und dachte nur ans Nehmen und Empfangen.

Die Äpfel von der minderen Sorte
hab' ich als Kind nie wahrgenommen.
Erst später, fern, am fremden Orte,
da ist mir's in den Sinn gekommen,

daß sie oft hart und sauer sind.
In vielen sah ich Fäulnis schwelen
und wünschte dann, ich wär' noch Kind
und Mutter würde Äpfel schälen.

Bange Hoffnung

Ach, wer pflanzt schon Herbstzeitlosen,
die im Nebel untergehn?
Jeder wünscht sich doch nur Rosen,
die den Sommer überstehn.

Jeder hofft, daß seiner Tage
Abschied noch nicht sichtbar ist.
Heimlich stellt er sich die Frage:
Ob man mich wohl einst vermißt?

Aufmunterung

Der Herbstwind schlägt die Türen zu.
Sucht er auch deine zu erwischen,
so stell in aller Seelenruh'
nur mutig deinen Fuß dazwischen!

Und zeigt er sich auch recht ergrimmt,
häng dich nur fest an ihren Knauf!
Dann tut sich dir auch ganz bestimmt
die Tür zum Frühling wieder auf.

Herausforderung

Kein Mensch kann Rosen verschenken,
wenn keine mehr blühn.
Im Herbst an den Frühling zu denken,
erscheint mir zu kühn.

Den Sturm und die Wetter ertragen,
das gilt es allein jetzt zu wagen
und zahlt sich ganz sicher auch aus.
Denn es fordert nach dunkelsten Tagen
den leuchtenden Frühling heraus.

Lernprozeß

Du kannst, wenn du willst,
dich ins Flugzeug setzen
und durch Nieselregen und Nebelfetzen
dich tragen lassen auf rettenden Schwingen
zu Ländern, die jetzt ihren Frühling besingen.
Doch auch dort wird er nur eine Weile bestehn,
dann vollzieht sich wie hier
ganz das gleiche Geschehn.
Und während du dich dann von neuem entfernst,
wirst du unruhig bleiben,
enttäuscht sein, zerrieben,
solang du nicht lernst,
auch den Herbst still zu lieben.

Blätterfall

Es fallen die Blätter vorm Bahnhofsplatz.
Im Ernst, nicht aus Spielerei.
Adieu und gehabe dich wohl, mein Schatz!
Der Sommer war Aufschneiderei.

Es fallen die Blätter vorm Stadtcafé.
Ein Pärchen geht grade hinein.
Vielleicht fällt auch bald schon der erste Schnee.
Dann wäre es gut, nicht alleine zu sein.

Es fallen die Blätter vorm Standesamt.
Wer fragt sich da wohl schon dabei,
ob die, die sich einst zueinander bekannt,
sich nach Jahren auch heute noch treu?

Herbst in der Stadt

Regenschirme, die kaum nützen.
Wasserlachen auf Asphalt.
In den tausend kleinen Pfützen
spiegelt sich's: du fühlst dich alt.

Scheußlich, solch ein Wetter heute!
Nur im Boulevard-Café
hinterm Glasdach suchen Leute
unter Menschen warme Näh'.

Andre suchen nur nach Beute,
wenden vor den Kaufhaustischen
gierig Stück um Stück.

Über Fließbandtreppen laufen
rollend Käufer, kaufen, kaufen
doch den Sommer nicht zurück.

Sonntagnachmittag im Herbst

Beharrliches Am-Fenster-Stehn,
als gäb es draußen was zu sehn.
Vereinzelt geht ein Mensch vorbei.
Sonst: nasses, graues Einerlei.

Und alle Läden sind geschlossen.
Und nirgendwo kommst du hinein.
Allein der Herbstwind treibt noch Possen
und holt die letzten Blätter ein.

Du fürchtest dich vor so viel Ruh'.
Hast einen Wunsch nur: Vorhang zu,
um still die Lampe anzuzünden,
in Büchern deine Welt zu finden.

Was immer draußen jetzt geschieht,
laß nur den Herbst die Nebel spinnen,
und spinn den Faden du nach innen,
weil dort allein dir Trost erblüht.

Tröstlich

Du sprichst vom Herbst
in so müdem und klagendem Ton,
so als wäre nun alles verloren.
Doch auch im Herbst gibt es Telefon.
Auch im Herbst werden Kinder geboren.
Auch im Herbst gibt es Lachen und Freude
und nicht nur das Seelenweh.
Drum sei doch gescheit und vergeude
dein Traurigsein nicht vor dem ersten Schnee!

Zweifache Wirkung

Was mir der Herbst verriet
über das Fallen der Blätter,
war mir belehrend und aufschlußreich:
Daß es so lautlos geschieht,
das ist das Tröstliche –
aber auch Schrecken zugleich.

Unterschied

Im Frühling will man hoch hinaus,
sehnt sich nach dem Entfernten.
Im Herbst, da bleibt man hübsch zu Haus
und freut sich, was zu ernten.

Im Frühling singt man forsche Lieder,
begeistert sich fürs Freie.
Im Herbst, da wärmt man seine Glieder
und singt das hohe Lied der Treue.

Stundung

Nein, ich bin nicht feige, Herbst,
suche nicht, vor dir zu fliehn.
Der du jetzt die Blätter färbst,
willst auch mich mit einbeziehn

ins Verwandeln, ins Verwehen.
Bis zum letzten Lebenstag
gib mir teil an dem Geschehen,
daß ich gerne Amen sag'!

Besinnung

An einem Regennachmittag im Herbst,
beim Sichten und beim Räumen,
in alten Liebesbriefen
durch Zufall wieder mal herumgestöbert
und aus verwunschnen Tiefen,
aus jenen schillernd blauen Träumen,
Erinnerung, den goldnen Fisch, geködert.
Spät schlug die Uhr.
Den Takt der Zeit
kann nur die Gegenwart bestimmen.
Ich fand zurück und blieb gescheit –
und ließ das Fischlein wieder schwimmen.

Himmel mit Wolken

Mit jenem geläuterten, strahlenden Blau,
da leuchtet wohl jedem der Himmel ein!
Denn die Sehnsucht ist alt,
von der lichten Gestalt
sonnigen Himmels umgeben zu sein.

Doch erst wenn die Wolken kommen,
vielschichtig und grau
mir über dem Kopfe schweben,
fühl' ich mich angenommen,
darf ich ich selber sein,
kann mir der Himmel ein Spiegelbild geben
von meinem eigenen unsteten Leben,
von meinem wirklichen Sein.

Versuchung

Auf der Straße, mitten im Blättertreiben,
kam mir plötzlich der alte Gedanke:
Jetzt ist die Zeit, Memoiren zu schreiben.
Doch am Abend, nach einigen wenigen Zeilen,
traf diese schöne Idee,
betrachtet aus größerer Näh',
auf eine unsichtbare Schranke.
Und nach längerem In-der-Erinnerung-Weilen
schrieb ich ganz einfach nur: Danke
für alles, was ich gewann und was ich verlor!
Denn es kam mir beim Schreiben auf einmal so vor,
als stünde nach emsigstem Feilen
das Wesentliche doch immer nur
zwischen den Zeilen.
Da legt' ich am Ende mich leise aufs Ohr,
vertrauend dem Wind im Vorübertreiben –
und ließ alles Aufschreiben bleiben.

Einquartierung

Der Herbstwind bläst die Liebe aus.
Laß es ihm nicht gelingen!
Gewähre ihr nur Schutz im Haus,
das wird ihn niederzwingen!

Laß sie im Winter bei dir sein!
Mußt ihr nur weiße Sterne streuen.
Im Frühling lädt sie dich dann ein
und tanzt mit dir im Freien.

Bestimmung

Ich habe Menschen verlöschen sehen wie Sterne
oder wie Lichter im Wind
und harrte der Zeit, da ich lerne,
wohin sie gegangen sind.

Ich glaube, die Zeit ist gekommen.
Die Blätter sinken ins Moos
oder sind mit dem Fluß fortgeschwommen –
und ich teile mit ihnen das Los.

Totensonntag

Verfärbtes Laub vom Ahornbaum,
verblüht, verwelkt, verdorben.
So mancher Freund in diesem Jahr
ist mir hinweggestorben.

Nun will ich mich novemberlich
zu Gräbern hinbegeben
und allen Toten inniglich
versichern, daß sie leben.

Weiße Chrysanthemen

Aus zartestem Weiß diese flockige Pracht
hat Gott auf Geheiß eines Lächelns gemacht
von schimmernden Lippen asiatischer Schönen:
im November ein Strauß Chrysanthemen.

Und sind auch die Gärten verblüht jetzt und leer,
so laßt sie im Herbst sich verschnaufen!
Sagt still euren Dank und verlangt nicht noch mehr!
Es gibt Chrysanthemen zu kaufen.

November

Dreißig Tage lang November.
Und das Wetter schlägt dir aufs Gemüt.
Täglich stehst du vorm Kalender,
wartest, daß etwas geschieht.

Zäh, mit starrem Eigensinn
zieht er sich unendlich lange
über trübe Wochen hin.
Dieser Monat macht dir bange.

Mußt dir nur das Licht einschalten
gegen solche Dunkelheit!
Gilt es doch, jetzt durchzuhalten –
bald ist wieder Weihnachtszeit!

Herbstgedichte

Herbstgedichte taugen nicht
für den jungen Übermut.
Aus des Alters weiser Sicht
tun sie unsrem Herzen gut.

Herbstgedichte schreibt man nicht
mit dem Federkiel,
formen sich im Angesicht
eines Menschen, der am Ziel

stolz des Lebens Flagge hißt,
reich beschenkt mit Köstlichkeiten,
weil von allen Jahreszeiten
doch der Herbst die schönste ist.

Erster Schnee

In der Nacht hat es geschneit.
Weiches, weißes Schneegefieder
ließ sich auf den Dächern nieder.
Weiße Hüllen weit und breit.

Wunderbarer zarter Flaum,
weißer noch als weiße Tauben.
Pfahl und Zaun im Schmuck der Hauben.
Ringsumher kein kahler Baum.

Wiesen wurden weiße Flächen.
Und dem Bach ist's nicht erlaubt,
solche Stille zu durchbrechen.
Schnee verweht, der glitzernd staubt.

Nimm dies Bild in dich hinein,
Menschenherz, bleib unverdrossen,
füg dich in die Stille ein,
Gott hat dich nicht ausgeschlossen.

Die beliebten Gedichtbände von Elli Michler

Die Jahre wie die Wolken gehn
Getrost in den Lebensabend
5. Aufl., 80 Seiten,
gebunden, ISBN 3-7698-0572-0

Dir zugedacht
Wunschgedichte
14. Aufl., 56 Seiten, 6 Farbfotos,
gebunden, ISBN 3-7698-0625-5

Im Vertrauen zu dir
Gedichte über die Liebe
3. Aufl., 72 Seiten, 7 Farbfotos,
gebunden, ISBN 3-7698-0646-8

Vom Glück des Schenkens
3. Aufl., 80 Seiten, 6 Farbfotos,
gebunden, ISBN 3-7698-0654-9

Dein ist der Tag
Ermutigung zum Leben
2. Aufl., 64 Seiten, 8 Farbfotos,
gebunden, ISBN 3-7698-0705-7

Erinnerst du dich?
Begegnungen und Erfahrungen
2. Aufl. 64 Seiten, 8 Farbfotos,
gebunden, ISBN 3-7698-0739-1

Für leisere Stunden
Gedichte und Gedanken
3. Aufl., 64 Seiten, 6 Farbfotos,
gebunden, ISBN 3-7698-0764-2

Jeder Tag ist Brückenschlag
Gedichte von Abschied und Neubeginn
64 Seiten, 5 Farbfotos,
gebunden, ISBN 3-7698-1094-5

Von der Kostbarkeit der Zeit
Gedanken über den Tag hinaus
2. Aufl., 64 Seiten, 7 Farbfotos,
gebunden, ISBN 3-7698-0818-5

Laß der Seele ihre Träume
Begegnungen mit der Natur
76 Seiten, 8 Farbfotos,
gebunden, ISBN 3-7698-1001-5

Ich geh mit dir durchs Jahr
hrsg. von Elli Michler
84 Seiten, farbig illustriert,
gebunden, ISBN 3-7698-0809-6

Ich wünsche dir ein frohes Fest
Gedichte und Geschichten
zur Weihnachtszeit
3. Aufl., 64 Seiten, 6 Farbfotos,
gebunden, ISBN 3-7698-0786-3

Sterne leuchten auf dem Weg
Ein Begleiter durch die
Weihnachtszeit
hrsg. von Elli Michler
94 Seiten, farbig illustriert,
gebunden, ISBN 3-7698-1002-3

Zu beziehen durch jede Buchhandlung!

DBV
DON BOSCO
VERLAG

Sieboldstraße 11
81669 München